QUELQUES

COURTES RÉFLEXIONS A LA PORTÉE DE TOUS

sur la question de savoir si le

GOUVERNEMENT RÉPUBLICAIN

EST CELUI QUI CONVIENT LE MIEUX

A L'ÉTAT ACTUEL DE LA SOCIÉTÉ EN FRANCE, A SES INTÉRÊTS,
A SES TRADITIONS.

PAR B. BONTOUX,

conseiller honoraire à la Cour d'appel, ancien président
du tribunal de Grenoble.

AVIS ET DÉDICACE A TOUS,

CAR C'EST DE L'INTÉRÊT DE TOUS QU'IL S'AGIT.

PARIS

CHEZ LEDOYEN, LIBRAIRE.

PALAIS-NATIONAL, GALERIE D'ORLÉANS, 31.

1850

AVIS ET DÉDICACE A TOUS,

CAR C'EST DE L'INTÉRÊT DE TOUS QU'IL S'AGIT.

Pourquoi laisser quelques personnes s'arroger le droit exclusif de diriger notre avenir vers un port meilleur que seules elles prétendent connaître, et ne pas chercher nous-mêmes le moyen le plus sûr d'y arriver? C'est uniquement à cet examen individuel que j'ai voulu provoquer par ces quelques lignes, qui n'ont pas même la prétention d'être un *traité*, mais seulement un aperçu des questions soulevées.

Quelques courtes réflexions à la portée de tous,

SUR LA QUESTION DE SAVOIR SI LE

GOUVERNEMENT RÉPUBLICAIN

est celui qui convient le mieux
à l'état actuel de la société en France, à ses intérêts,
à ses traditions.

———

L'extension la plus absolue et la plus égale des droits politiques des citoyens étant le principe et le but du gouvernement républicain, elle ne peut être expliquée et justifiée que par la pratique universelle aussi des vertus indispensables pour fonder et maintenir les républiques qui veulent être dignes de ce nom. Pour de telles institutions, il faut ou des peuples *assez pénétrés* du devoir civique pour le préférer à leur intérêt toujours et quelquefois même à leur droit (En sommes-nous là?), ou une nation à son début; car alors le législateur, agissant sur des esprits préparés ou ne rencontrant aucune empreinte hostile, peut asseoir la société sur des bases vraiment républicaines. Mais transformer tout-à-coup en république une nation élevée et vieillie dans les institutions monarchiques, est une œuvre des plus difficiles; car il n'est pas de notre nature de rompre aisément avec un long passé, et lorsque cet état de choses s'est continué pendant des siècles, les mœurs, les habitudes des citoyens s'en ressentent tellement, leurs intérêts y sont si bien liés, qu'on ne peut en anéantir l'influence que par un effort violent de destruction et de reconstruction de ce qui a été jusque-là. —Opposerait-on que le gouvernement républicain actuel de la France n'a rien détruit, ne veut rien détruire? A cela on peut répondre que la situation actuelle ne peut être considérée que comme provi-

soire ; car avons-nous véritablement une
république? A part le suffrage universel,
où sont les changements dans les lois,
dans les institutions ; qu'a-t-on fait pour
coordonner nos mœurs, nos habitudes, nos
intérêts, avec cette forme nouvelle, et, si
l'on devait en rester là, fallait-il acheter
par tant de désastres ce simulacre de changement ? Si donc le républicanisme doit
s'implanter en France, il faudra qu'il
obéisse aux lois de sa nature, qu'il ne res-
pecte rien de ce qui *a été et est*, pour constituer un ordre de choses qui soit en rapport avec lui et qui fasse perdre le souvenir de la monarchie. Si les audacieux ou
aveugles fondateurs de la réformation fran-
çaise n'avouent pas formellement cette nécessité de tout refaire, pour qu'il y ait har-
monie dans leur œuvre, en lisant avec at-
tention leurs écrits, en étudiant leurs
actes, les progrès de leur marche, il est
difficile de ne pas avoir cette conviction,
que la création durable du système répu-

blicain en France doit nécessairement ame-
ner le changement de tout notre ordre social. *A présent*, un tel changement con-
viendra-t-il au caractère, aux intérêts de
tous ceux qui, dans l'état actuel, et c'est
dix-huit sur vingt, ont une position faite
ou devant nécessairement se faire? Voilà
la question que doit s'adresser tout citoyen ayant maintenant place au sol, à
l'industrie, au travail.

En abordant cette question sous le rapport de notre esprit national, la franchise
de cet examen pourra blesser notre amour-
propre, mais elle ne sera pas non plus sans
quelque dédommagement.

Sommes-nous faits, sommes-nous dignes d'être républicains, c'est-à-dire de
préférer à tout ce qui nous touche et nous
flatte à présent, l'amour et le dévouement
absolus pour la patrie, l'obéissance pas-
sive à la loi, le respect pour l'autorité,
et l'austérité des mœurs, toutes vertus indispensables dans une république.

Si les pages de notre histoire sont riches en actes de courage et de dévouement, les distinctions qui, sous la monarchie, honoraient ce courage, n'y ont-elles pas eu autant de part que l'amour seul de la patrie, et la faveur toujours accordée, en France, à ces brillantes distinctions, n'en a-t-elle pas fait un besoin de notre ambition, qui ne saurait être satisfait dans une république ramenée à la pureté de son principe. Ce besoin, ce n'est pas seulement dans les classes élevées qu'il a pénétré ; il est partout, et il est dignement attesté par les signes d'honneur que vous trouvez dans les campagnes, dans les ateliers, et qui font de ceux qui les ont mérités comme une classe à part, dans laquelle on ambitionne de compter. C'est de la vanité, soit ; mais une vanité qui s'exprime par un service rendu au pays ou par un sang versé pour lui, est et sera toujours considérée en France comme un louable sentiment et un puissant mobile

d'émulation. Sans doute, bon nombre d'a-
boyeurs de républicanisme, s'indigneront
de cette tendance à croire que le sentiment du devoir peut ne pas être suffisant;
mais étudiez ces vertueux républicains et
en 93 et en 48, ensuite jugez ; nous ne
demandons pas autre chose.

S'il est un reproche fondé qu'on puisse
nous adresser, c'est le mépris de nos lois,
nos luttes contre l'autorité, l'indéférence
pour nos magistrats ; et ce défaut tient si
bien à notre caractère, il est si bien entré
dans nos mœurs, qu'à toutes les époques,
les écrivains et même le théâtre en ont si-
gnalé le ridicule et le danger. La perma-
nence de nos troubles, depuis soixante
ans, loin de nous corriger, a rendu cette
conduite plus grave ; car nous lui devons
cet amour, ce besoin de la popularité aux-
quels il faut attribuer une bonne part des
maux qui ont déjà pesé sur nous.

Comme un des moyens les plus certains
de plaire au peuple a toujours été d'atta-

quer ce qui est au-dessus de lui ; qu'en France, surtout, l'autorité a toujours fait ombrage ; on a tellement, et sans ménagements et sans relâche, attaqué, miné le pouvoir, que certainement il est ce qu'il y a de plus faible aujourd'hui en France. Ce triste résultat, qui frappe tous les yeux, on y est arrivé en pervertissant, par la flagornerie, le sens droit du peuple, en cédant à une impatiente ambition, en obéissant à une malfaisante envie, et si l'on ne peut nier l'existence et le répandu de cet esprit de dénigrement et de jalousie, n'y a-t-il pas loin de là à la pratique de cette abnégation personnelle absolue qui est la vertu la plus nécessaire du républicain.

Mais si ces défauts et même les qualités de notre caractère national, fruits de notre vieille organisation politique, sont ainsi peu favorables au système républicain, combien nos intérêts, les intérêts surtout des classes les moins fortunées, n'y sont-ils pas contraires ?

La fixité et l'accroissement successif d'une part de chacun au sol, s'accordent peu avec l'esprit d'un gouvernement qui doit tendre sans cesse à empêcher tout lien personnel trop profond pour que son intérêt à lui et le devoir de cet intérêt restent prédominants. Cette marche progressive et inévitable des institutions républicaines, doit donc finir par froisser un des sentiments les plus vifs, le plus général en France, l'amour de la propriété. C'est surtout de la révolution de 89 que date cet amour, car c'est de cette époque que la justice de la loi a égalisé les droits et les devoirs attachés à la possession du sol. Depuis lors, la grande division des terres, en permettant à chacun d'en acquérir une parcelle, a répandu dans toutes les classes le désir d'être propriétaire, sentiment de sa nature exclusif et qui, s'entretenant surtout de la pensée d'améliorer, agrandir et transmettre, trouvera toujours dans l'organisation monarchique des garanties de stabilité que ne peut lui offrir la mobilité des instituts républicains.

L'industrie ne saurait être mieux traitée par cette forme de gouvernement ; spécialement tous les commerces que crée et vivifie le luxe ne peuvent que perdre, et cette perte, c'est principalement sur les classes ouvrières, sur les professions des arts et métiers qu'elle portera. — Ces industries de luxe, auxquelles nous devons surtout notre supériorité, seront frappées par la réduction inévitable des débouchés intérieur et extérieur. — A l'intérieur, car il est de la nature d'un gouvernement républicain, d'aider, provoquer, imposer le retour aux habitudes, aux mœurs simples et austères, deux grandes perfections sans doute, mais antipathiques à tout ce qui tient au commerce de luxe. Quant à l'extérieur, la diminution de nos débouchés sera la suite nécessaire de notre organisation nouvelle. Si les nations aiment

à multiplier leurs rapports, leurs échanges,
c'est surtout lorsque les communications
qu'amènent ces rapports sont sans dangers pour toutes ; en sera-t-il ainsi lorsque
la France sera, en Europe, la seule république, régime toujours vu avec défaveur par
les monarchies, car il tend constamment
à amoindrir le souverain. Cette considéra-
tion ne sera-t-elle pas assez grave pour
entraver des relations commerciales qui,
en l'état actuel, profitent surtout en France
aux populations ouvrières.

En échange de ces intérêts perdus ou
au moins gravement altérés, le développe-
ment des institutions républicaines don-
nera à la vie publique et politique du citoyen une part plus large, soit; mais cette
action répétée dans les débats publics
améliorera-t-elle les positions malaisées
qui ont besoin du travail, et le temps em-
ployé à ces discussions ne sera-t-il pas
une perte nouvelle ajoutée à tant d'autres,
et lorsqu'un labeur actuellement persévé-

rant nous permet à peine de lutter contre l'industrie étrangère, cette lutte ne deviendra-t-elle pas une trop certaine défaite ? Sans doute, nous sommes à une époque où, par des habitudes prises et une instruction assez générale, chaque citoyen a la faculté et le droit de s'occuper des affaires publiques, et nul ne saurait nier et vouloir empêcher cette légitime participation à ce qui constitue l'intérêt de tous. Mais, noyer cette action dans des débats de chaque jour, sur des questions très souvent sans application possible, ne tend qu'à entretenir une agitation toujours fâcheuse dont le résultat, et nous en sommes les témoins et les victimes depuis 48, est de tarir toutes les sources de la fortune publique et privée. Ce n'est pas ainsi que se sont créés et cet état d'aisance qui fait de la France le pays envié par tous, et ces quelques fortunes que l'on jalouserait moins si l'on voulait s'apercevoir, ce qui est vrai, que les trois cinquièmes de ceux qui les possèdent les doivent uniquement à leur travail personnel, ou sans remonter plus haut, à celui de leur père, preuve évidente que, pour tous, sans exception, la voie de la fortune, sous la monarchie, était ouverte à qui avait la ferme résolution d'y arriver par l'ordre et le travail.

Mais ce n'est pas seulement sous le rapport de nos mœurs, de nos intérêts, que le système républicain tromperait nos espérances, il aurait encore le tort de rompre tout lien avec un passé dont les traditions sont pour nous utiles, glorieuses et de nature à entretenir cette noble émulation qui doit porter les nations à s'élever; et, en effet, toutes les traditions qui honorent la France appartiennent à la monarchie, et elles peuvent grièvement se personnifier dans quelques noms, dont le souvenir est une gloire et un enseignement.

Sans remonter aux princes qui, les pre-

miers, délivrèrent la France du régime
féodal, qui n'avait pour lui que l'abus de
la force, n'est-ce pas un nom toujours dignement populaire que cet Henri IV, guer-
rier intrépide, vainqueur généreux, nour-
rissant les Parisiens révoltés contre lui,
rêvant l'aisance chez tous.

Avec Louis XIV, c'est la France marchant à la tête de l'Europe, lui imposant
ses lois, ses usages, son langage.

C'est Louis XVI, le plus grand martyr
des fureurs républicaines, nous ensei-
gnant à mourir comme doit le faire un
honnête homme.

C'est l'épopée sublime de l'Empire,
laissant après elle l'écho du plus grand
nom moderne.

C'est la liberté constitutionnelle, c'est
l'aisance, la richesse accessible pour tous,
produits que l'on ne peut nier des gou-
vernements de la Restauration et de 1830.

Voilà sur quels souvenirs s'appuie l'o-
pinion monarchique, et lorsqu'il n'en est

pas un qui ne résonne de gloire, de liberté ou de bien-être, que leur oppose-t-on pour en altérer la légitime influence? Jusqu'en 48, de la république, nous ne connaissons en France que l'ère sanglante de 93, avec ses orgies, ses crimes et ses banqueroutes, frappant surtout, comme elles le frapperaient encore, sur le produit du travail des classes ouvrières, soit en leur volant leurs épargnes, soit en rendant impossible le travail qui les crée et qui, par sa persévérance, offre à tous la fortune. Enlevez à cette page hideuse de notre histoire les nobles travaux de l'armée, et, de cette fatale époque, il ne restera rien, rien qui puisse soulager la conscience et élever l'esprit d'une nation. Quant à l'essai de 48, car nous n'en sommes qu'à l'essai, que chacun examine en conscience si le mal immense qu'il a déjà produit a été compensé par un peu de bien.

Pour combattre les tendances monar-

chiques, il n'est pas d'absurdités, de ca-
lomnies, à l'aide desquelles on essaic
d'égarer le bon sens général des citoyens
des villes et surtout des campagnes. Retour des priviléges, intolérance du clergé,
privation d'instruction, perte des droits
politiques, voilà ce qui est audacieusement et mensongèrement prôné, et ce-
pendant, avec un peu de réflexion, combien il est facile d'en faire justice !

A l'époque où nous sommes, après
notre histoire des soixante dernières an-
nées, il n'est pas un pouvoir qui voulût,
qui consentît à s'établir en France sur
d'autres bases que celles de la *liberté et
égalité politique, civile et religieuse;* cela
ne se discute pas, car c'est plus qu'un
devoir, c'est une nécessité qui ressort de
la nature même des choses actuelles. Si,
dans les temps anciens, la monarchie ne
s'appuyait que sur la noblesse et le clergé,
c'est qu'alors ces deux corps étaient réel-
lement les deux seuls représentants de la

France ; car seuls ils avaient richesse et savoir. Mais, aujourd'hui, où retrouver la noblesse autrement que dans ses noms.

De priviléges, elle n'en a plus, et, alors même que la force des choses n'interdirait pas la pensée de les rétablir, que seraient des priviléges niés par la presque unanimité de la nation ?

La richesse; mais elle est immensément divisée, et, avec notre législation, que nul ne songe à réviser, elle tend constamment à s'étendre encore dans toutes les classes des citoyens.

Le clergé ; l'esprit d'irréligion ne lui a laissé d'autre privilége que la résignation devant les injures et le devoir de redoubler de zèle et de dévouement pour porter partout les consolations de son saint ministère.

Quant au savoir ; mais l'éducation publique devient le programme obligé de tout nouveau gouvernement ; elle est une loi d'ordre public, et par elle l'instruction égalise les facultés, comme des droits et des devoirs politiques pareils, égalisent les positions.

Quel intérêt aurait donc le principe monarchique à s'asseoir sur de tels éléments, puisqu'ils n'ont plus de force à eux! Aujourd'hui, ce qu'il y a de seul vrai, ce qui domine tout, c'est que l'universalité des intérêts doit seule constituer le droit politique et civil, et que toute autre base de gouvernement est désormais impossible. Eh bien! cette organisation de la société actuelle s'accorde mieux avec le système monarchique qu'avec tout autre, car l'esprit de conservation et de paix qui constitue sa nature est une sûre garantie des intérêts de tous.

Mais, si le retour à la monarchie répondrait ainsi aux besoins réels de l'état actuel, parmi les systèmes débattus de cette nature, quel serait donc celui qui paraîtrait le mieux convenir à la France?

Est-ce par le retour du gouvernement

de 1830 que la patrie peut aujourd'hui retrouver la paix et l'abondance qui existaient avec lui? Ah! ce n'est pas moi qui oublierai jamais le respect dû à une aussi grande infortune, moi qui n'ai pas hésité à lui sacrifier ma carrière publique; mais s'il est permis à un souverain de ne pas vouloir, dans son intérêt personnel, conserver sa couronne au prix d'une seule goutte de sang, lorsque, comme à l'entour du trône de 1830, se groupaient et de si légitimes affections et des intérêts si généraux, ne pas les défendre, c'est abdiquer, c'est renoncer aux droits qu'avait pu créer 1830.

Recommencerons-nous l'empire? Certes, le président de la république, par la noble répudiation de son passé, par son constant appui à l'ordre, par sa ferme résistance aux instincts dangereux qui l'assiégent, s'est assuré dans l'histoire une belle page, et cette page peut devenir immortelle si, imitant un noble exemple, il sacrifie sa personnalité à la France. Mais, en vertu du nom, *succéder* au consul-empereur Napoléon-le-Grand.....

Les Titans ne laissent pas d'héritiers ; foudroyés par le ciel, leur seul supérieur, ils écrasent tout sur la terre !

Avec le prestige seul de sa gloire, de ses malheurs, la branche aînée des Bourbons serait également impuissante ; car la loi première de notre époque, c'est l'intérêt, cet intérêt général, égoïste, qui n'admet plus d'autre souverain que celui qui peut le conserver et l'augmenter. Eh bien ! cette garantie de conservation, cette assurance des progrès ne s'accordent-elles pas merveilleusement avec le principe sur lequel le noble exilé asseoit son droit. Ce droit, on ne vous l'impose pas ; mais, en l'acceptant, vous le faites *le vôtre*, et, *consacré, vivifié par votre libre suffrage*, il paralyse à jamais l'esprit de révolte et de désordre, et, confondu désormais avec la nation, la richesse et la gloire du pays devenant les siennes, son premier, son unique intérêt est de les développer sans cesse, et voyez comment, en se prêtant ainsi un mutuel appui, à quel point de grandeur sont parvenus en Angleterre et le trône et la nation.

Ainsi donc, au passé odieux, au présent plein de dangers, à l'avenir si gros d'incertitudes que nous offre le système républicain, la monarchie oppose la gloire des souvenirs, la conservation de ces mœurs, de ces usages qui nous ont placés en tête des nations éclairées, le respect de tous les droits acquis par la famille, la capacité et le travail ; par le travail, dont l'utile progrès se lie essentiellement à la fixité du pouvoir. Et remarquez qu'alors que la monarchie peut rendre à la France ses beaux jours sans rien heurter, sans rien briser, la république, pour s'imposer chez nous, a besoin ou de tout détruire ou de régner par la terreur ; la terreur, système infâme, dont la génération trop neuve de 93 peut supporter l'affront, mais qui ne s'établirait plus sans que chaque victime sacrifiât un bourreau, et ils ne sont jamais nombreux en France.

Le retour à un tel ordre de choses serait donc un bienfait, et la nation peut et doit y arriver légalement, pacifiquement, parce qu'avant et par dessus tout, il ne faut pas de guerre civile, crime toujours odieux et plus inexcusable encore alors que, par la loi seule, ce but peut être atteint.

Posons d'abord ce principe qui nous paraît certain : c'est que la base de la constitution de 1848 étant le suffrage universel, l'expression de ce suffrage, légalement rendue, est la loi suprême, l'action de cette loi sans limites, et que c'est surtout lorsqu'il s'agit de la forme du gouvernement que ce principe doit être prédominant, car cette question touche à tous les intérêts, aux plus petits comme aux plus considérables. Aussi la constitution de 48 aurait menti à son origine, à

son principe, si elle avait nié ce droit toujours préexistant, si elle avait entendu
enchaîner la volonté de la France ; mais elle
a consacré, reconnu ce droit par le principe formel et sans réserve de sa révision.

Mais, dit-on, la constitution a fixé l'é-
poque de cette révision, et on ne peut ni
ne doit la devancer.

Pour admettre ce système, il faut dire
aussi que la constitution a entendu prévoir
tous les évènements qui pourraient être
de nature à exiger une révision plus pro-
chaine, et, certes, cela n'est pas possible.
Ainsi, rien n'est plus éloigné du texte, de
l'esprit d'une constitution, qu'une dicta-
ture. Eh bien ! supposez à l'intérieur une
émeute formidable, le sol de la patrie en-
vahi par l'étranger, et qu'en présence de
tels périls, la réunion de tous les pouvoirs
en une seule main soit la seule chance de
salut, le silence de la constitution peut-il
empêcher d'y avoir recours ?

Lorsque la Constituante, qui a voté la

constitution, opposait à l'insurrection de juin un véritable courage et frappait les insurgés de la transportation, pouvait-elle prévoir que, peu de mois après cet attentat, Paris, la ville sauvée par elle, regarderait comme le plus grand titre à la législature celui de transporté, et si elle avait pu le prévoir, pourriez-vous croire qu'elle n'eût pas rendu impossible ce scandale du suffrage universel? Il y a donc nécessité à le reconnaître, au-dessus des termes, de l'esprit de toutes les constitutions, plane et constamment planera la loi du salut public, qui doit toujours être la loi suprême. Sans doute, danger et salut public ne sont pas des mots dont i soit permis d'abuser, car ce sacrilége serait en politique comme la profanation des choses saintes. Oui, il faut, il faut nécessairement, pour justifier de pareilles mesures, que le péril soit tel, qu'il soit certain pour tout ce qui n'est pas aveugle ou complice.

Eh bien ! sommes-nous dans une de ces positions qui réclament impérieusement un changement, sous peine de désorganisation complète de tout l'ordre social en France ? Voilà toute la question.

Notre position n'est point normale, cela est clair pour tout le monde, et c'est déjà quelque chose de grave pour une nation que d'aller sans système arrêté, de vivre, pour ainsi dire, au jour le jour, paralysant ainsi le présent et empêchant tout avenir.

Mais si, à ce malaise extraordinaire, se réunissent des attaques plusieurs fois répétées contre ce gouvernement si incertain ; si toutes les classes des citoyens sont livrées à l'exploitation d'un désordre moral pénétrant partout, empoisonnant tous les esprits et confondant toutes les idées du bien et du mal ; s'il n'est pas un droit, quelque légitime et ancien qu'il soit, qui ne soit audacieusement nié, attaqué ; si les ressources de la nation vont s'égouttant chaque jour, exprimant une trop réelle agonie ; si, en un mot, il n'est pas un citoyen, ami vrai de son pays, qui ne pense, ne prévoye un danger *certain, immense, prochain*, oh ! alors, toute hésitation pour sortir d'un pareil état est une coupable faiblesse, tout retard est un pas de géant vers un lâche suicide.

Eh bien ! cette position si pleine de dangers, est-elle, oui ou non, celle de la France depuis 48 ? et si l'immense majorité des citoyens la jugent ainsi, comment ne pas y apporter un remède pressant et énergique ?

Mais ce secours, ce changement si désirés, si nécessaires, de qui l'attendre, à qui le demander ?

C'est ici qu'il y aurait matière à d'interminables discussions ; mais conjureraient-elles le danger, ne soulèveraient-elles pas de nouveaux périls, au lieu de les combattre, et, en s'adressant uniquement au bon sens général de tous, ne peut-on pas trouver une solution et légale et rationnelle ?

Par la Constitution qui nous régit, le peuple est souverain et il exprime cette souveraineté par la voie du suffrage universel. Voilà qui est évident pour tous. Mais cette expression de sa souveraineté, le peuple ne peut-il pas, ne doit-il pas la déléguer à des mandataires ? La Constitution lui en a imposé le devoir en créant une Assemblée législative qui, élue par le suffrage de tous, reçoit par cette élection le mandat exprès de le représenter. Cette délégation du pouvoir du peuple souverain entre les mains d'une assemblée, la Constitution en a limité la durée, c'est celle de trois ans, et c'est en mai 1852 qu'expireront seulement les pouvoirs de l'Assemblée actuelle.

Pendant cette durée de son pouvoir, quelle est la loi qui en a limité l'étendue ? Aucune, et cette entière puissance ressort tout à la fois et de son origine souveraine et de cette disposition constitutionnelle qui, en défendant à l'Assemblée de se dissoudre, qui, en interdisant au pouvoir exécutif cette dissolution, a, par là même, consacré cette toute-puissance, puisqu'elle a rendu impossible, pendant ces trois ans, tout appel, toute convocation du peuple en général. Et si l'Assemblée est ainsi souveraine pour s'occuper de tout ce qui touche à l'action gouvernementale ordinaire, comment serait-elle privée de ce droit alors que les circonstances seraient telles que, sans des mesures aussi promptes qu'énergiques, la patrie serait en danger de périr?

Voilà les considérations qui nous paraissent justifier le pouvoir, le droit qu'a l'Assemblée législative de faire tout, absolument tout ce que peut réclamer le salut de la France. Et, pour traiter d'une pareille question, elle ne saurait avoir besoin d'être saisie par des pétitions ; car si elle ne pouvait agir sans ce mobile, elle ne serait pas souveraine, elle ne représenterait plus qu'imparfaitement ce suffrage universel, devant lequel tout doit s'incliner. Des pétitions, d'ailleurs, et pourquoi? Est-ce que le désir, le besoin de fixité, le péril de la situation actuelle, la nécessité d'y mettre un terme, ne sont pas dans tous les esprits? Est-ce que le feu qui nous consume, qui dessèche toute source de repos, d'avenir, n'étincelle pas de toutes parts? Est-ce que l'air n'en est pas chargé? Et si le pouvoir ne peut se dissimuler ni l'inquiétude, ni l'attente publiques, pourquoi laisser à d'autres la gloire d'une telle initiative devant l'Assemblée? Qui peut croire que la position peut se prolonger telle qu'elle est jusqu'en mai 1852, et, en l'admettant même, est-il sage d'attendre ce dernier moment, signal d'une immense agitation?

Quels adversaires rencontreraient donc ces mesures uniques de salut public?

Les seuls dignes d'estime sont les républicains vrais, sincères; mais combien ils sont peu nombreux! et malgré leur foi dans leurs généreuses convictions, il est impossible qu'ils ne soient pas aujourd'hui pénétrés de cette vérité, que le temps n'est pas venu de fonder en France, en Europe, une république vraiment digne et grande. En attendant cette terre promise, n'est-il pas plus honorable de se rallier à un principe d'ordre, de stabilité et aussi de liberté, que de toujours se laisser égarer par des entraînements qui dissimulent rarement d'aveugles et impatientes ambitions. Pour eux comme pour tout citoyen qui, avant tout, ne veut que le salut de la France, une guerre civile ne serait donc en l'état qu'un inutile et criminel patricide. L'obstacle ne viendrait pas des ouvriers honnêtes, laborieux, et ce sont les plus nombreux ; car ceux qui ont été trompés comprennent aujourd'hui qu'on ne s'est servi d'eux que comme un marche-pied, et ils ne peuvent ne pas voir que le retour à l'ordre, à la stabilité, peut seul rendre leurs professions honorables et utiles.

Quant à ceux qui ne peuvent vivre sans conspirer et sans préparer des révoltes, aux intrigants qui les suivent pour les exploiter, aux paresseux volontaires, aux vagabonds, ennemis de toute autorité, sont-ce bien là des adversaires? La discussion électorale n'a-t-elle pas assez fait éclater leur impuissance? Lorsque pendant tout ce temps on a audacieusement révélé un gouvernement, une organisation secrète marchant hostiles au pouvoir légal ; lorsqu'on a osé discuter publiquement la question de révolte, d'attaque, pouvez-vous croire qu'ils n'auraient pas fait appel à la force si cette force eût été à eux?

Oui, la France est dégoûtée aujourd'hui autant des révolutionnaires que des révolutions ; elle veut, elle a hâte d'en finir, et elle cherche et attend le pouvoir réparateur et conciliateur.

Forte de son droit, pénétrée de son devoir, l'Assemblée accomplira sa noble mission, et, en s'associant à elle pour sauver la France, le pouvoir aura sa part de gloire et de reconnaissance nationales.

Paris. — Imprimerie H. Simon DAUTREVILLE et Cᵉ,
rue Neuve-des-Bons-Enfants, 3.

PARIS. — IMPRIMERIE H. SIMON DAUTREVILLE ET COMP^e,
Rue Neuve-des-Bons-Enfants, 3.

www.ingramcontent.com/pod-product-compliance
Lightning Source LLC
Chambersburg PA
CBHW062313070726
47596CB00009B/1680